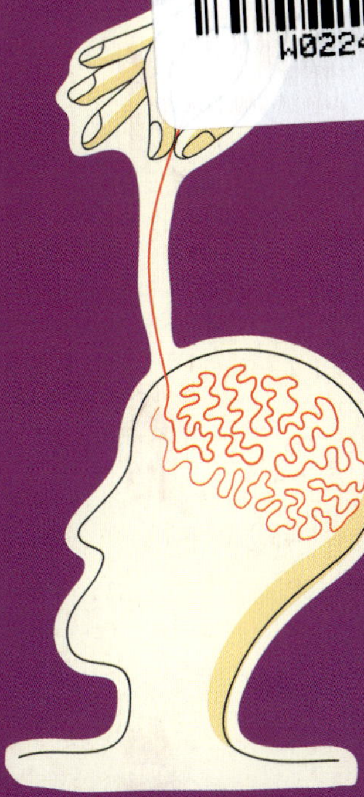

Direction de la publication :
Isabelle Jeuge-Maynart et Ghislaine Stora
Direction éditoriale : **Catherine Delprat**
Responsable d'édition : **Bethsabée Blumel**
Mise en page : **Nord Compo**
Lecture-correction : **Nord compo**
Illustrations : **Thinkstock, Shutterstock et Alain Boyer pour les pages 45 et 47**
Couverture : **Anna Bardon**
Fabrication : **Geneviève Wittmann**

ISBN 978-2-03-591849-9

Achevé d'imprimer en Espagne par UNIGRAF SL
Dépôt légal : mars 2016
316913/02 - 11034909 - février 2017

LES MINI LAROUSSE

Les 50 règles d'or
anti manipulation

Patrice Ras

LAROUSSE

21 rue du Montparnasse 75283 Paris Cedex 06

COMPRENDRE LA MANIPULATION

REPÉRER LES TECHNIQUES

DÉJOUER LES MANIPULATIONS

PRÉVENIR LES MANIPULATIONS

Attention : les concepts définis par les auteurs sont écrits avec une Majuscule.

Posez-vous les bonnes questions

LES MANIPULATEURS SONT PARMI NOUS

La manipulation fait (malheureusement !) partie intégrante de la communication humaine. Peut-on comparer manipulation, influence ou domination ? Et si tout le monde manipule (plus ou moins), à partir de quand devient-on vraiment un manipulateur ? Vous pouvez vous protéger des manipulateurs en les repérant et en identifiant leurs techniques. Quelles sont-elles ? Puisqu'elles reposent plus ou moins toutes sur le mensonge, savez-vous les détecter ?

Une fois la manipulation décryptée, que pouvez-vous faire ? Quelles sont les parades, les techniques et les outils susceptibles de vous aider ? Enfin, puisqu'il vaut mieux prévenir que guérir, comment pouvez-vous anticiper la manipulation ? Puisque les manipulateurs exploitent vos failles, quelles sont-elles ?

Grâce à cet ouvrage, vous en saurez plus.

Différenciez séduction et manipulation

LA DIFFÉRENCE EST SUBTILE

• **Séduire consiste au minimum à attirer quelqu'un** et au maximum à le rendre amoureux. C'est donc jouer avec ses émotions, ses désirs et ses sentiments. La séduction a toujours été liée à la manipulation. Mais est-ce vraiment (toujours) le cas ?
• **Manipuler implique mentir, dissimuler ses véritables intentions**, tromper et profiter de l'autre « froidement », sans éprouver aucune considération pour lui.

La manipulation commence donc dès que le séducteur fait croire à l'autre qu'il est (lui aussi) amoureux ou va l'épouser (Don Juan) ou tout autre mensonge. Il convient donc d'être vigilant, de ne pas trop croire au Père Noël et de vérifier les allégations et les promesses du séducteur.

Sachez identifier un manipulateur

À PARTIR DE QUAND QUELQU'UN EST-IL UN MANIPULATEUR ?

Pour le savoir, faites ce test.

CONSIGNES :

Appliquez à chaque personne suspecte les affirmations suivantes et cochez la case prévue à cet effet :

- Il (vous) ment régulièrement .... ☐ Oui ☐ Non
- Il ne répond pas clairement à vos questions .... ☐ Oui ☐ Non
- Il s'engage rarement .... ☐ Oui ☐ Non
- Il ne tient pas ses engagements .... ☐ Oui ☐ Non
- Il arrive à vous faire changer d'avis .... ☐ Oui ☐ Non
- Il vous culpabilise .... ☐ Oui ☐ Non
- Il vous fait du chantage .... ☐ Oui ☐ Non
- Il (vous) parle en disant « TU » ou « VOUS » .... ☐ Oui ☐ Non
- Il parle en disant « ON » .... ☐ Oui ☐ Non

- Il privilégie toujours son intérêt sur le vôtre .... ☐ Oui ☐ Non
- Il profite de vous (de votre gentillesse, de votre faiblesse) .... ☐ Oui ☐ Non
- Il se moque de vous (sous prétexte d'humour) .... ☐ Oui ☐ Non
- Il vous déstabilise pour vous influencer.. ☐ Oui ☐ Non
- Il retourne les gens ou les situations en sa faveur .... ☐ Oui ☐ Non
- Il vous séduit pour vous influencer ..... ☐ Oui ☐ Non
- Il utilise d'autres personnes pour vous influencer..................... ☐ Oui ☐ Non
- Il crée des conflits pour vous influencer .. ☐ Oui ☐ Non
- Il vous critique pour obtenir ce qu'il veut .... ☐ Oui ☐ Non
- Il vous flatte pour obtenir ce qu'il veut.. ☐ Oui ☐ Non
- Il vous « grignote » (« Allez ! Encore un peu ! ») .... ☐ Oui ☐ Non

Total des Oui (sur 20) : ____ Oui ____ Non

INTERPRÉTATION DES RÉSULTATS :

- **9 OUI ou plus :** c'est un manipulateur avéré.
- **Entre 5 et 8 OUI :** c'est un manipulateur potentiel ou occasionnel.
- **4 OUI ou moins :** c'est un manipulateur occasionnel.

RÈGLE 4

Êtes-vous vous-même manipulateur ?

POUR LE SAVOIR, FAITES CE TEST !

CONSIGNES :

Répondez par OUI ou par NON aux affirmations suivantes :

- Vous mentez régulièrement .... ☐ Oui ☐ Non
- Vous ne répondez pas clairement aux questions .... ☐ Oui ☐ Non
- Vous vous engagez rarement .... ☐ Oui ☐ Non
- Vous ne tenez pas vos engagements ... ☐ Oui ☐ Non
- Vous arrivez à faire changer d'avis les autres .... ☐ Oui ☐ Non
- Vous culpabilisez les autres .... ☐ Oui ☐ Non
- Vous leur faites du chantage .... ☐ Oui ☐ Non
- Vous leur parlez en disant « TU » ou « VOUS »........................ ☐ Oui ☐ Non
- Vous leur parlez en disant « ON » .... ☐ Oui ☐ Non
- Vous privilégiez toujours votre intérêt sur le leur .... ☐ Oui ☐ Non

- Vous profitez d'eux (de leur gentillesse, de leur faiblesse) .... ☐ Oui ☐ Non
- Vous embrouillez les autres .... ☐ Oui ☐ Non
- Vous les déstabilisez pour les influencer.. ☐ Oui ☐ Non
- Vous retournez les gens ou les situations .. ☐ Oui ☐ Non
- Vous utilisez la séduction pour les influencer .... ☐ Oui ☐ Non
- Vous utilisez d'autres personnes pour les influencer .... ☐ Oui ☐ Non
- Vous créez des conflits pour les influencer .... ☐ Oui ☐ Non
- Vous critiquez les autres pour les influencer .... ☐ Oui ☐ Non
- Vous flattez les autres pour obtenir ce que vous voulez .... ☐ Oui ☐ Non
- Vous « grignotez » vos interlocuteurs ... ☐ Oui ☐ Non

Total des Oui (sur 20) : ____ Oui ____ Non

INTERPRÉTATION DES RÉSULTATS :

- **9 OUI ou plus :** vous êtes un manipulateur avéré.
- **Entre 5 et 8 OUI :** vous êtes manipulateur potentiel ou occasionnel.
- **4 OUI ou moins :** vous êtes manipulateur occasionnel.

Découvrez les risques

DE LA MANIPULATION

La manipulation aura des effets pernicieux et toxiques sur votre psychisme.
Vous serez ainsi susceptible de :
- Douter de vous et des autres.
- Stresser.
- Vous épuiser.
- Vous isoler.
- Devenir manipulateur à votre tour.
- Déprimer (sinon être en proie à la dépression).
- Vous détruire, voire vous suicider...

QUE RISQUEZ-VOUS DE PERDRE

- Vos repères.
- Vos valeurs (et votre intégrité).
- Vos relations.
- Votre enthousiasme, votre optimisme, votre foi.
- Votre confiance en vous et en l'autre.

- Votre temps.
- Vos richesses (votre argent et vos biens matériels).
- Votre santé physique (maladie).
- Votre équilibre mental.
- Votre vie (accident, suicide ou meurtre).

CE QUE RECHERCHENT LES MANIPULATEURS

Comme tous les prédateurs, les manipulateurs cherchent à profiter de vous, de vos ressources :

- Votre corps (plaisir sexuel).
- Vos richesses.
- Votre temps.
- Votre énergie (physique et psychique).
- Votre image (positive).

À SAVOIR

Les manipulateurs cherchent parfois uniquement à vous détruire, pour se venger... de vous, de quelqu'un d'autre ou de la vie.

Cessez d'attirer les manipulateurs

DÉCOUVREZ POURQUOI ET COMMENT CELA « TOMBE SUR VOUS »

Les manipulateurs sont attirés par les gens vulnérables. En faites-vous partie ? Les êtres humains essaient de (vous) manipuler quand ils ne peuvent ou ne veulent ni (vous) imposer quelque chose (risque de conflit), ni (vous) influencer (risque de refus).

MAIS POURQUOI VOUS PLUTÔT QU'UN AUTRE ?

D'après la criminologue Sylvia Bréger, les prédateurs avérés (délinquants violents) choisissent leurs proies selon le critère de vulnérabilité. Mais comment font-ils pour savoir que vous êtes vulnérable ? Ils le détectent selon deux sous-critères : le contexte et la démarche.

1. LE CONTEXTE DE VULNÉRABILITÉ

- **L'isolement :** vous êtes seul, dans la rue, au travail ou dans la vie.
- **Vous affichez vos ressources** (argent, biens matériels mobiliers ou immobiliers, temps, énergie, amour...).
- **Le lieu :** rue, parking, bar, restaurant, gare, aéroport, etc.

2. LA DÉMARCHE PHYSIQUE DE VULNÉRABILITÉ

Si vous avez déjà été victime, vous avez peur (de replonger) et vous adoptez automatiquement une démarche particulière... qui vous désigne comme une proie éventuelle.

- Vous marchez à petits pas et de manière asynchrone.
- Vous marchez lentement.
- Vous marchez, la tête baissée.
- Vous vous fermez et ne faites pas attention à l'environnement.
- Vous êtes recroquevillé sur vous-même.

Identifiez la manipulation

PARMI TROIS TYPES DE RELATIONS

Communiquer est à la fois être en relation, informer et interagir (agir sur l'autre et sur la relation). Il y a 3 types d'interactions donc de relations : imposer, influencer et manipuler.

- **Imposer** (voire agresser) : forcer quelqu'un à faire quelque chose.
- **Influencer :** chercher à obtenir quelque chose de façon claire.
- **Manipuler :** chercher à obtenir quelque chose de façon sournoise.

Le schéma ci-contre montre ces 3 types de relations (en trait continu) et leur réactions associées (en pointillés). Car chaque type de relation génère une réaction de la part du récepteur :

- Imposer génère la composition (soumission) ou l'opposition.

• Influencer (proposer) génère le choix (disposer : accepter ou non).
• Manipuler provoque la fuite (si le récepteur en prend conscience).

LES TROIS TYPES DE RELATIONS (SELON NOUS)

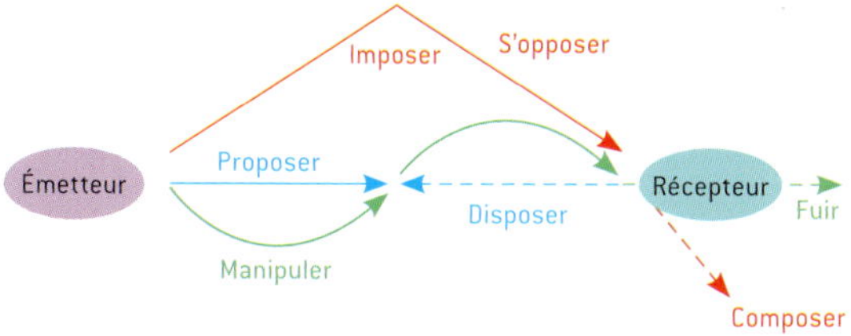

• En rouge : les relations de pouvoir (rapport de forces)
• En bleu : les relations d'influence **à égalité**
• En vert : les relations de manipulation

CITATION

« Les influences qu'on n'arrive pas à discerner sont les plus puissantes. »
(Gustav Meyrink)

RÈGLE 8

Comprenez bien la spécificité de la manipulation

UNE INFLUENCE BIAISÉE ET PERNICIEUSE

La manipulation est une forme sournoise d'affirmation, qui se présente comme une forme d'acceptation (donc de soumission) : « tu fais ce que tu veux... », mais qui masque une forme de domination : « car si tu ne fais pas ce que je veux, je te pénalise, je frappe... ».

MANIPULER

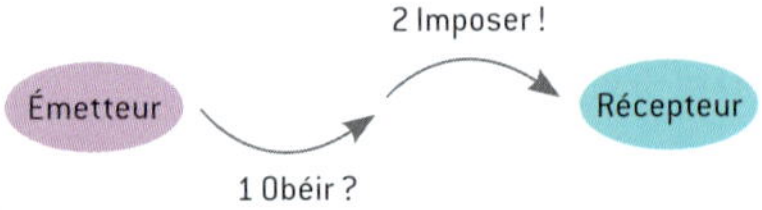

CONCRÈTEMENT, MANIPULER, C'EST QUOI ?

Manipuler consiste à influencer l'autre de manière invisible ou indirecte. Manipuler, c'est donc mentir ou cacher ses intentions réelles, tricher, faire semblant, culpabiliser ou faire chanter son interlocuteur. C'est une façon déguisée d'imposer en prétendant le contraire.

LES LIMITES DE LA MANIPULATION

Elle est contenue dans son immoralité même : le manipulateur ne respecte pas votre libre arbitre et vous considère comme un objet, une nourriture ou une proie. Manipuler signifie « tenir dans ses mains » ou « jouer avec ». Le manipulateur est (toujours) celui qui tire les ficelles et œuvre dans l'ombre (par-derrière). Or personne n'aime être ou se sentir manipulé.

Le risque est donc pour le manipulateur d'être démasqué et de perdre immédiatement la confiance de son interlocuteur, voire la relation en totalité (rupture).

En outre, le manipulateur s'expose à des représailles éventuelles, plus fortes encore que celles générées par la domination.

Sachez identifier les manipulateurs

CINQ CARACTÉRISTIQUES LES TRAHISSENT

Les traits communs des prédateurs sont les suivants :

1. La faiblesse.
2. L'immoralité.
3. La pathologie.
4. La duplicité, la tromperie.
5. L'agressivité et la violence.

• LA FAIBLESSE

La communication est le type de relation privilégiée des « faibles », c'est-à-dire de tous ceux qui ne peuvent pas ou ne veulent pas utiliser la force : les enfants, les femmes (au moins dans une société ou une relation patriarcale), les élèves, les salariés, voire les patients, etc.

• LA PATHOLOGIE

La manipulation n'est pas considérée comme une maladie mentale, mais les manipulateurs (chroniques) présentent tous des degrés élevés de plusieurs pathologies. Ils sont souvent dépendants, paranoïaques, schizophrènes, passifs/agressifs, psychopathes, pervers narcissiques, voire asociaux.

• L'IMMORALITÉ ET L'ASOCIALITÉ

Les manipulateurs n'ont pas de morale et ne respectent pas la morale de leur société, même s'ils font semblant de la respecter. Pour eux, « la fin justifie les moyens ». Ils sont irrespectueux et parfois asociaux.

• LA DUPLICITÉ ET LA TROMPERIE

Les manipulateurs ont deux visages : un visage d'ange et leur vrai visage de prédateur. Au début de la relation, ils vous séduisent en étant adorables (ils savent jouer ce rôle, mais ne tiennent, en principe, pas très longtemps).

• L'AGRESSIVITÉ

Les manipulateurs sont rarement violents (physiquement), mais ils sont tous agressifs, surtout verbalement : ils vous tuent d'un mot, ou d'un jugement.

RÈGLE 10

Identifiez les quatre types de manipulateurs

ILS NE POURSUIVENT PAS TOUS LE MÊME OBJECTIF

Certains cherchent à vous prendre vos richesses (argent, biens matériels, etc.), d'autres veulent profiter de votre corps, d'autres cherchent à vous exploiter et d'autres, enfin, cherchent surtout à exercer une emprise sur vous...

L'ESCROC

Ces manipulateurs cherchent à s'approprier vos richesses (argent, biens mobiliers et immobiliers, etc.). Leur tactique consiste à vous donner d'abord (un peu) pour vous amadouer et vous culpabiliser (« Après tout ce que j'ai fait pour toi... ! »)

LE SÉDUCTEUR

Ces manipulateurs cherchent à profiter de votre corps et vous utilisent pour leur propre plaisir. Ils se trahissent par leur égoïsme et leurs fantasmes sexuels. Ce sont les manipulateurs les plus fréquents... Certains vous quittent aussitôt après vous avoir « consommé ». D'autres vous « jettent » et vous reprennent indéfiniment. D'autres, enfin (les « allumeurs/allumeuses »), vous provoquent sans jamais céder...

L'EXPLOITEUR

Ces manipulateurs cherchent à vous exploiter, c'est-à-dire à vous faire travailler gratuitement (ou presque) et à s'enrichir ou à économiser en profitant de votre travail, de vos compétences et de votre temps.

LE GOUROU

Ces manipulateurs sont (heureusement !) les plus rares, mais ils sont aussi les plus dangereux, car ils sont souvent brillants et charismatiques, et ils cumulent les trois rôles précédents. Ils cherchent (d'abord) à exercer une emprise sur vous pour (ensuite) profiter de vous sur tous les plans : financier, sexuel et professionnel.

Identifiez les manipulations « ordinaires »

VOICI QUELQUES « ARMES LOURDES »

LE CHANTAGE

C'est le moyen de pression psychologique favori des manipulateurs : le chantage est l'action de brandir une menace pour obtenir de quelqu'un quelque chose qu'il refuse. Il superpose une demande (« Peux-tu faire ceci ? »), une fausse acceptation (« Tu fais comme tu veux... ») et une menace (« Si tu ne le fais pas, je te frappe... »).

LE JUGEMENT

Les manipulateurs n'ont aucun complexe pour vous juger, non seulement pour vous culpabiliser, mais aussi pour vous inférioriser, vous mettre au défi et vous flatter.

LA CULPABILISATION

Elle consiste à exprimer un jugement négatif de type : « Tu es méchant ou égoïste ». Les manipulateurs qui vous culpabilisent vous rendent responsable de leur souffrance ou de celle d'autres personnes.

LA FLATTERIE

La flatterie est un compliment (donc un jugement positif) qui est hypocrite et qui est destiné à vous influencer. Cette technique est d'autant plus efficace que le manipulateur n'a pas hésité à vous critiquer ou vous dévaloriser auparavant, fragilisant ainsi votre image...

LE DÉFI

Le défi n'est pas toujours une manipulation, mais il le devient quand le manipulateur l'utilise pour vous forcer à faire quelque chose qu'il attend de vous : C'est typiquement la manipulation préférée des enfants et des ados : « T'es même pas cap de faire ça... ! » Le pari est une variante du défi avec un enjeu.

Ces techniques de manipulation ont toutes un point commun : l'ego. C'est sur lui que les manipulateurs jouent. Tout jugement, positif ou négatif, affecte votre image.

Identifiez les manipulations « ordinaires » (suite)

LE MENSONGE

Le mensonge n'est pas toujours une technique de manipulation, mais il en fait souvent partie. C'est le cas quand le mensonge permet, incite ou oblige quelqu'un à réagir comme le manipulateur le souhaite. L'exemple le plus célèbre est le mensonge américain sur les « armes de destruction massive » afin de justifier l'invasion de l'Irak...

LES RAGOTS

Les ragots sont des informations destinées à vous nuire, diffusées indirectement autour de vous (mais jamais à vous). Ces informations sont toujours négatives, souvent fausses (diffamation) ou simplement exagérées. Ainsi, le manipulateur vous isole de votre entourage familial, amical ou professionnel et nuit à votre image ou à votre réputation.

L'ALLUSION ET L'INSINUATION

Ces deux procédés très proches consistent à sous-entendre (autrement à faire comprendre sans le dire) quelque chose de négatif sur vous. La plupart du temps, le manipulateur vous l'exprime (par exemple, que vous êtes incompétent) mais il peut aussi le dire dans votre dos... Dans ce cas, c'est souvent plus grave.

LE DOUBLE JEU

Les manipulateurs sont des artistes du double jeu : ils se font passer pour vos amis et œuvrent pour votre ennemi ou pour eux-mêmes. Ils acquièrent ainsi un pouvoir considérable sur vous (recueil d'informations clés et influence). L'intrigue du *Da Vinci Code* est basée sur ce double jeu.

L'UTILISATION D'UN INTERMÉDIAIRE

Les manipulateurs qui n'ont pas le courage ou les moyens de vous influencer passent par un intermédiaire en qui vous avez confiance pour vous influencer et faire passer leurs messages.

Identifiez les manipulations

PAR LE JEU

ILS JOUENT SUR LE GROUPE

Certains manipulateurs sont très forts pour vous influencer en passant par l'intermédiaire d'un groupe dont vous faites partie. C'est le cas des gourous et de certains managers, leaders, professeurs ou formateurs.

ILS JOUENT SUR UNE AUTORITÉ

Les manipulateurs font appel à une autorité indiscutable (en la matière), quitte (évidemment) à mentir ou inventer une citation.

ILS JOUENT SUR LA RÉCIPROCITÉ

Les manipulateurs savent que les relations humaines sont basées sur la réciprocité. C'est pourquoi ils vous donnent un peu (avant) pour demander et recevoir beaucoup de vous (après).

ILS JOUENT SUR LA SYMPATHIE

Les manipulateurs savent souvent se rendre sympathiques (au début), car ils savent que vous serez plus malléable ensuite.

ILS JOUENT SUR LA SIMILARITÉ

Les manipulateurs sont souvent des caméléons qui s'habillent, parlent et font comme vous. Méfiez-vous d'un excès de ressemblance.

ILS JOUENT SUR LA PREMIÈRE IMPRESSION (SÉDUIRE)

Il est très difficile de revenir sur sa première impression. C'est pourquoi les manipulateurs savent vous en imposer dès les cinq premières minutes de votre rencontre.

ILS JOUENT SUR LA COMPARAISON

Ils vous présentent toujours leur choix en dernier, qu'il s'agisse d'une habitation (agent immobilier) ou d'un candidat (recruteur).

Identifiez les manipulations « professionnelles »

LES PROFESSIONNELS DE LA VENTE SONT DES SPÉCIALISTES

Ce sont les vendeurs ou les commerciaux qui ont le plus affiné les techniques de manipulation aux noms barbares afin d'impulser votre décision d'achat. Elles sont trop nombreuses et trop complexes pour les détailler toutes ici. Elles reposent toutes sur l'engagement et la comparaison qui biaisent votre perception et influence inconsciemment votre décision.

L'ENGAGEMENT

Le manipulateur vous demande de faire quelque chose pour lui (un service, un travail, un don ou un prêt, etc.) et valide votre engagement en vous disant qu'il compte sur vous ou en vous remerciant...

L'AMORÇAGE ET LE LEURRE

Dans un premier temps, le manipulateur vous propose un travail ou un échange assez intéressant, mais quand vous acceptez ou arrivez, il vous en fait une autre moins intéressante... Attention ! Vous risquez d'accepter cette deuxième offre, car il est difficile et coûteux de revenir sur votre décision initiale. Cette manipulation fonctionne aussi dans l'autre sens : il vous demande d'abord un petit service (un travail, un don, un prêt, etc.), mais une fois accepté, le service est beaucoup plus important...

L'ANCRAGE

Il s'agit d'une technique héritée de la PNL (Programmation neuro-linguistique) qui consiste à associer un stimulus sensoriel (musique, odeur, caresse ou contact physique, image mentale, voire un mot) à une émotion particulière (peur, tristesse, culpabilité, désir, amour, etc.). Ensuite, le manipulateur réactive l'émotion souhaitée en recréant le stimulus sensoriel... Heureusement pour vous, cette technique est difficile à maîtriser.

Identifiez les manipulations « professionnelles » (suite)

DU PIED DANS LA PORTE À LA PORTE AU NEZ

Voici d'autres techniques de manipulation qui opèrent en deux temps.

LE PIED DANS LA PORTE (« LE DOIGT DANS L'ENGRENAGE »)

Le manipulateur vous fait une première demande (anodine) pour vous prédisposer à en accepter une deuxième (sa véritable demande). C'est pourquoi le SDF vous demande l'heure avant de vous demander de l'argent...

LE PIED DANS LA MÉMOIRE

Le manipulateur vous fait d'abord parler de vos projets, de vos désirs ou de vos valeurs, puis (plus tard) il vous demande (de faire) quelque chose en rapport avec cette sorte d'engagement implicite… Par souci de cohérence, vous risquez d'accepter sa demande et de satisfaire sa requête.

LE PIED DANS LA BOUCHE

C'est une manipulation en deux temps : le manipulateur vous demande comment vous allez et vous fait parler, avant de vous demander quelque chose… La plupart des gens répondent favorablement à la demande formulée après ces « préliminaires ».

LA PORTE AU NEZ

C'est encore une manipulation en deux temps : le manipulateur vous demande un premier service (temps, argent, énergie…) exorbitant que vous déclinez. Puis il vous en demande un autre beaucoup plus léger, que vous acceptez. Il existe une variante de cette manipulation : la décompression (ou « crainte puis soulagement ») qui consiste à gonfler artificiellement le « prix » d'une offre avant d'annoncer le prix réel pour mieux la faire passer…

Refusez toute communication floue

LES MANIPULATEURS SONT RAREMENT CLAIRS. DÉMASQUEZ-LES !

Les manipulateurs communiquent de façon « malsaine ». Ils sont souvent très habiles pour vous emberlificoter, mais ils ne sont pas infaillibles. Ils se trahissent facilement au travers de petits détails et de certains mots, faciles à repérer.

SE CACHER DERRIÈRE LES AUTRES (« ON »)

Les manipulateurs usent, abusent et raffolent de ce petit mot trompeur : ON. Il leur permet de parler à votre place (« On sera bien ici ! On ne peut pas faire cela ! »), de se défiler (« On va le faire ! » ou « On se rappelle... ? »). ON, c'est tout le monde et personne à la fois. Pour dégonfler cette baudruche, demandez-lui simplement : « C'est qui **ON** ? », « De **QUI** tu parles ? », « **QUI** rappelle l'autre ? ».
S'il vous englobe dans son discours : « On sera

bien ici », désolidarisez-vous de lui : « Parle pour TOI ! Je ne partage pas TON avis… » En cas de résistance (probable), utilisez le terme de « communication Orang-Outang » (« On, on, on »), grognement supposé de l'orang-outang décrit par Jacques Salomé, thérapeute, et grand spécialiste de la communication.

PARLER SUR VOUS OU À VOTRE PLACE

Les manipulateurs sont également des spécialistes de la « communication Klaxon » : le « Tu, Tu, Tu… » évoquant le son du klaxon, autre terme emprunté à Jacques Salomé.
Ils parlent ainsi **SUR** vous et non **À** vous et manipulent votre image. « Tu aurais pu m'appeler ! » ; « Tu ne m'écoutes jamais ». Interdisez-leur cette forme d'emprise qui ne peut générer que malentendus, frustrations et conflits.
Exigez d'eux qu'ils vous parlent d'**EUX** : « Parle de toi, s'il te plaît ! »

Confrontez les manipulateurs

À LEUR DUPLICITÉ

Ce n'est pas parce que les manipulateurs sont fuyants que vous devez les laisser s'enfuir. Appliquez-leur l'une ou l'autre de ces techniques.

OBLIGEZ LE MANIPULATEUR À ÊTRE CLAIR

Les manipulateurs vous embrouillent mais vous êtes complice. Refusez désormais explications foireuses et excuses « bidons ». Questionnez-les et demandez-leur des (vraies) justifications. Ne vous contentez pas de phrases obscures ou ambiguës, exigez la clarté.

OBLIGEZ LE MANIPULATEUR À S'ENGAGER

Les manipulateurs sont fuyants et détestent s'engager. Mais si vous vivez ou travaillez avec (au moins) l'un d'entre eux, vous avez le droit de savoir ce qu'il va faire avec vous, que cela concerne une vie commune, un mariage, un enfant ou (sur le plan professionnel) une augmentation, une promotion ou une formation.

PRENEZ DATE

Pour parfaire l'engagement, demandez ou exigez du manipulateur un délai et une date précise : quand aura lieu précisément le mariage ou l'augmentation ? Une fois les dates obtenues, notez-les (devant eux) sur votre agenda.

PRENEZ DES TÉMOINS

Les manipulateurs mentent et sont de mauvaise foi. Vous devez donc protéger les engagements que vous leur avez arrachés, en prenant à témoin des gens en qui vous avez confiance et qui ont un certain pouvoir sur eux (leurs parents, leurs chefs...).

OBLIGEZ LE MANIPULATEUR À TENIR SES ENGAGEMENTS

Les manipulateurs reviennent facilement sur leurs engagements (c'est pour eux un moyen d'avoir la paix). Exigez fermement qu'ils les tiennent en leur expliquant ce qu'ils perdent (leur crédibilité et votre confiance) et en les menaçant de « représailles ».

Détectez les mensonges

GRÂCE AUX SIGNAUX FAIBLES QU'ÉMETTENT LES MANIPULATEURS

VÉRIFIEZ LA COHÉRENCE DES INFORMATIONS

Les manipulateurs qui mentent régulièrement se contredisent forcément à un moment ou à un autre. Vérifiez la cohérence des informations qu'ils vous donnent en les croisant (officiellement) avec les signaux faibles (officieux).

ÉCOUTEZ VOTRE INTUITION

Les manipulateurs sont souvent des « comédiens », habiles dans l'art de tromper les autres. Mais ils ne peuvent pas tout contrôler ni même se maîtriser totalement. C'est pourquoi ils se trahissent par des fuites microscopiques : changement léger de la voix ou de la direction du regard (voir la PNL), manière d'être « étrange », etc. Parfois, rien n'est objectivement « anormal », mais votre intuition (perception immédiate de la vérité sans l'aide du raisonnement) vous dicte un signal d'alerte. Écoutez-la ! Elle a détecté un mensonge.

RELEVEZ LES COÏNCIDENCES

« Il n'y a pas de hasard », entend-on souvent dans la bouche de certains. C'est une croyance « mystique » indémontrable. Mais les coïncidences sont parfois... des erreurs, des oublis ou des actes manqués (voir plus loin). Car les manipulateurs invoquent le hasard pour justifier des actes (se trouver à un mauvais endroit ou avec des gens malsains) ou avoir sur eux des objets suspects : préservatif, drogue, arme, etc.

COMPAREZ LES DIFFÉRENTS LANGAGES

Comme tout le monde, les manipulateurs utilisent deux types de communication : verbale et non verbale. Or, s'il est très facile de mentir avec la première, il est (plus) difficile de mentir avec la seconde. Observez bien le non-verbal et en particulier le langage plus fiable du corps car : « Le corps ne ment jamais » (Paul Ekman).

Détectez les mensonges

GRÂCE AUX LANGAGES NON-VERBAUX

Les langages non verbaux sont au nombre de vingt-deux répartis en cinq catégories.

- **Les langages du corps :** le visage (morpho-psychologie), les mimiques, les gestes, les attitudes, la maladie (décodage biologique), la voix, le toucher et les odeurs.
- **Les langages de l'appartenance :** le look, les objets et les animaux.
- **Les langages de l'action :** les actes et la gestion du temps.
- **Les langages de l'espace :** les distances (proxémie), les places que l'on occupe et les lieux que l'on fréquente.
- **Les langages transversaux :** l'écriture (la graphologie) et les couleurs.

On peut regrouper les langages non verbaux **en trois catégories**, selon leur degré de vérité.

1. Les langages fiables. Les langages les plus fiables sont ceux du visage (morphopsychologie), de l'écriture (graphologie), de la maladie (décodage biologique), des odeurs naturelles (le stress acidifie l'odeur naturelle), du toucher (contact plus ou moins froid), de la gestion du temps.

2. Les langages partiellement fiables. Certains langages naturels peuvent cependant être appris et contrôlés : celui des actes (qui reste tout de même plus fiable que les paroles), tous les langages du corps visuels : les mimiques, les gestes, les attitudes et la voix qui trahissent les émotions.

3. Les langages peu fiables. Il s'agit surtout des langages de l'appartenance : le look, les objets et les animaux que l'on possède et affiche, les langages de l'espace (les distances : la proxémie), les places que l'on occupe dans une salle et les lieux que l'on fréquente) et le code des couleurs.

Détectez les mensonges

GRÂCE AUX AUTOCONTACTS

Ces langages de vérité gestuels trahissent les manipulateurs. Ce sont des gestes où l'on se touche une partie du corps avec une (ou deux) mains : frottement, grattement, pincement ou simple contact de la main. Ces gestes sont souvent inconscients et permanents : nous nous touchons le corps plusieurs centaines de fois par jour…

QUE SIGNIFIENT LES AUTOCONTACTS ?

En société, on ne peut pas, on ne veut pas ou ne doit pas (toujours) exprimer tout ce que l'on pense (jugements, désaccords), tout ce que l'on ressent (émotions, sentiments) ou ce que l'on désire (pulsions sexuelles ou agressives). Tout ce qui est ainsi refoulé ne disparaît pas pour autant, mais se transforme en sensations et impulsions, en particulier en démangeaisons… qui appellent un geste de soulagement : un autocontact.

COMMENT LES REPÉRER ?

Lorsque l'on ment, on ressent une ou plusieurs émotions : la peur (d'être démasqué), la culpabilité (on sait que c'est mal), la joie de réussir à tromper l'autre, le stress… Ces émotions inexprimables sont évidemment inhibées et passent alors dans le corps sous forme d'impulsion physique : une démangeaison… sur un point précis du corps.

- **Les menteurs touchent (presque) toujours leur visage** lorsqu'ils mentent (parfois un peu avant), parce que les émotions arrivent sur le visage.
- **Les quatre parties du visage** touchées sont (dans l'ordre) : le nez (Pinocchio), le menton (nous mentons), la bouche (surtout les enfants) et enfin les oreilles (beaucoup plus rare).

Détectez les mensonges avec la PNL

LES MOUVEMENTS DES YEUX VOUS TRAHISSENT

La Programmation neuro-linguistique (PNL) est un ensemble de techniques d'influence dérivé de l'hypnose ericksonnienne et mise au point par le psychologue Richard Bandler et le linguiste John Grinder dans les années 1970 aux États-Unis. Ces deux fondateurs de la PNL ont montré que la direction de notre regard était connectée à notre carte mentale interne et indiquait le type d'informations que nous cherchons dans notre cerveau...

LE VAK(O)

Les deux créateurs de la PNL ont découvert (après Milton Erickson) que nous communiquons tous en privilégiant un des canaux sensoriels suivants : le visuel, l'auditif, le kinesthésique (sensations corporelles) et l'olfactif, qui a été abandonné par la suite. Pour influencer quelqu'un, il faut donc parler dans son canal sensoriel dominant.

LA LIGNE DU TEMPS

Si un droitier regarde à droite, alors cette personne est en train d'imaginer, de construire une image ou un dialogue. S'il regarde à gauche, il se remémore, au contraire, un événement réellement vécu. Par conséquent, si quelqu'un regarde à droite en parlant d'un événement passé (« Avec qui tu étais hier soir ? »), c'est qu'il invente. C'est l'inverse pour les gauchers. Pour ne pas vous tromper, le mieux est de vérifier plusieurs fois la direction du regard en demandant à votre interlocuteur de raconter un événement passé puis de décrire un projet (vacances, travail, etc.).

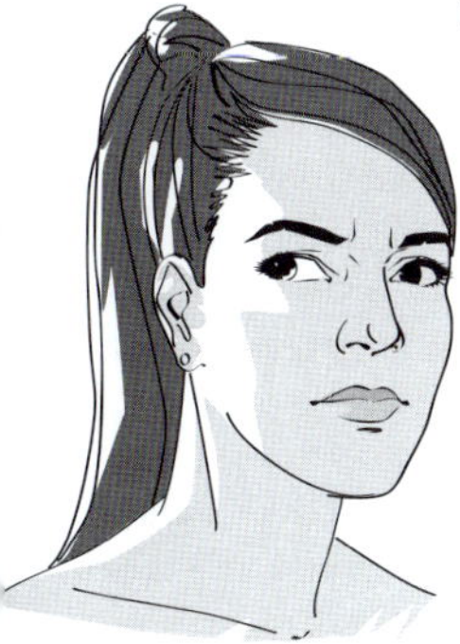

Réagissez à la manipulation

À VOUS DE CONTRE-ATTAQUER !

CLARIFIEZ LA RELATION

Les manipulateurs aiment le flou artistique et savent jouer sur différents tableaux dans une relation : ami, amant, collègue, associé, etc. Exigez de savoir ce qu'il en est. À qui parlez-vous vraiment : l'ami, l'amant, le collègue, l'associé ?

EXIGEZ LA CLARTÉ ET LA COHÉRENCE

Les manipulateurs tiennent souvent un double discours (sans parler de la communication non verbale). Or, celui qui parle est tenu à la clarté de son propos. Demandez-lui des explications : qu'a-t-il vraiment voulu dire ? Exigez une réponse claire, courte et simple.

MÉFIEZ-VOUS DES PROMESSES

Il vous promet de quitter sa femme et de vous épouser ou de vous augmenter, de vous former, de vous accorder une promotion... depuis plusieurs années ! Vous le croyez encore ? Exigez des preuves, un engagement, un délai ou une date précise et éventuellement (au travail) une confirmation écrite. Notez-la et vérifiez ensuite...

L'IMPORTANCE D'ÊTRE INTÈGRE

Les manipulateurs promettent une chose et en font une autre... aussi longtemps que vous l'acceptez. Expliquez-leur ce qu'est l'intégrité et l'importance qu'elle revêt à vos yeux : vous le jugerez (désormais) sur ce critère et en tirerez toutes les conséquences (ne lui dites pas lesquelles).

DÉNONCEZ LES MANIPULATIONS

Quand vous découvrez une manipulation, dénoncez-la aussitôt, sans vous énerver : « C'est de la manipulation ! Essaies-tu de me manipuler là ? » Pris la main dans le sac, les manipulateurs ne le reconnaissent jamais, ils se justifient, font diversion, mais arrêtent néanmoins de vous manipuler, ce qui est suffisant. À force d'utiliser cette technique du « miroir », le manipulateur va craindre d'être démasqué et finir par vous laisser tranquille... (voir aussi régle n° 32).

Sortez d'une manipulation

QUATRE ALTERNATIVES S'OFFRENT À VOUS

1. CHANGER OU QUITTER ?

Les manipulateurs ne changent pas, c'est donc à vous de changer... de comportement ou d'attitude, pour éventuellement changer la relation avec le manipulateur. Mais le résultat n'est pas garanti (tout dépend du **degré** de manipulation) et vous risquez de perdre beaucoup de temps, d'énergie et d'argent... La rupture est parfois la seule façon de vous protéger. N'attendez pas trop longtemps.

2. FUIR OU CONTRE-ATTAQUER ?

Les manipulateurs sont des prédateurs qui s'attaquent uniquement à plus faibles qu'eux. En d'autres termes, ce sont des lâches. Si vous n'avez pas envie de vous battre, vous pouvez fuir. Mais vous pouvez aussi vous affirmer et sortir ainsi du statut de proie

ou de victime. Si vous reculez devant un chien qui aboie, il avance… mais si vous avancez, il recule… Apprenez à vous affirmer, à refuser, à exiger.

3. OUBLIER OU PARDONNER ?

Un manipulateur vous a blessé, trompé, trahi ou exploité. Que faire après ? Devez-vous oublier ou pardonner ? En réalité, la vraie question est plutôt : pouvez-vous oublier ou pardonner ? Car vous ferez ce que vous pourrez et non pas ce que vous DEVEZ faire. Dans une perspective de développement personnel et spirituel, beaucoup de gens prônent le pardon… Mais êtes-vous prêt ? Quant à l'oubli, il se fait naturellement avec le temps.

4. APPRENDRE LA LEÇON OU LA RÉPÉTER ?

Chaque leçon (de la vie) vous sera présentée sous des formes différentes… jusqu'à ce que vous la sachiez ! Lorsque vous aurez appris votre leçon, vous passerez à la suivante.

RÈGLE 24

Faites le tri dans vos relations

AYEZ LE COURAGE DE RENONCER À CERTAINES AMITIÉS (DEVENUES) TOXIQUES

Choisissez bien vos proches, ou plutôt, rechoisissez-les. Faites-leur passer un « examen » en vous posant une simple question : que m'apporte cette personne ? Est-elle positive ou négative pour moi ? M'enrichit-elle ou au contraire profite-t-elle de moi ? Et tirez-en les conclusions qui s'imposent : éliminez ou fuyez les personnes négatives pour vous et recherchez activement les personnes positives.

RÉAGISSEZ DE FAÇON ADAPTÉE

- Si cette relation est positive, continuez comme avant.
- Si cette relation est négative, fuyez ou désinvestissez-vous.
- Si cette relation est ni l'un ni l'autre, proposez un

échange sur ce sujet ou dites clairement ce qui vous déplaît (en utilisant le JE). La réaction de votre interlocuteur est déjà une bonne indication.

- Il est surpris, désolé et curieux de savoir ce que vous ressentez : c'est bon signe ! Il vous aime mais est certainement maladroit.
- il refuse d'en parler, d'en discuter ou de se remettre en question : c'est mauvais signe ! C'est probablement un manipulateur...
- Il est d'accord pour en parler plus tard... Prenez rendez-vous (date, heure et lieu) et restez sur vos gardes, car c'est peut-être une fuite.

TIREZ-EN TOUTES LES CONSÉQUENCES

- **Si la personne vous écoute** et tient compte de vos attentes (donc change), remerciez-la.
- **Si elle est toxique** ou qu'elle refuse de changer, ou que son changement ne dure pas, quittez-la.
- **Si vous ne pouvez pas la quitter** (enfant, parent), dites-lui que vous allez en tirer toutes les conséquences... et désinvestissez-vous/protégez-vous.

Éventuellement, faites-vous aider : contactez un psychothérapeute, un avocat, votre syndicat, la police, etc.

Utilisez les quatre accords toltèques

QUI VOUS AIDERONT À CLARIFIER UNE RELATION

Les quatre accords toltèques est le titre du best-seller (1997) de Don Miguel Ruiz, qui est à la fois chaman et médecin au Mexique. Ce livre expose des principes spirituels et relationnels faciles à comprendre mais difficiles à respecter (à 100 %).

Utilisez les quatre accords toltèques comme règles de vie pour (re)cadrer les manipulateurs, que ce soit en famille ou au travail. Expliquez-les, répétez-les, rappelez-les et demandez à vos proches qu'ils les respectent.

1. QUE VOTRE PAROLE SOIT IMPECCABLE !

Parlez (et pensez) toujours de façon positive : ne critiquez personne (même pas vous !), et surtout ne laissez personne vous critiquer ou vous rabaisser. Mais rappelez-vous que « Personne ne peut vous rabaisser sans votre consentement » (Eleanor Roosevelt).

2. NE RÉAGISSEZ PAS DE FAÇON PERSONNELLE !

Les manipulateurs cherchent à vous blesser, vous rabaisser pour profiter ensuite de vous. Ne les laissez pas faire. Ce qu'ils font ou disent (de vous) parlent… d'eux et non de vous !

3. NE FAITES AUCUNE SUPPOSITION !

Ne prêtez aucune intention particulière (positive ou négative) aux manipulateurs, car vous n'en savez rien. Et vous risquez de vous faire souffrir davantage en leur prêtant des intentions. Si vous avez besoin de les connaître, demandez-leur et vérifiez ensuite.

4. FAITES TOUJOURS DE VOTRE MIEUX !

Les manipulateurs vous culpabilisent en appuyant sur votre point faible : votre perfectionnisme. Alors lâchez ce fantasme de perfection et faites (seulement) de votre mieux. Ensuite, rendez votre copie ou attendez le résultat la conscience tranquille.

Refusez, dites « Non »

LE PLUS DIFFICILE, C'EST DE LE DIRE LA PREMIÈRE FOIS

Ensuite, votre cerveau s'habitue, ainsi que celui de votre loup-garou. Plus vous refusez, plus cela devient facile, normal, évident. Rappelez-vous comment réagit un chien agressif : si vous reculez, il avance, mais si vous avancez, il recule... (voir règle n° 23).

• **Commencez par les refus les plus faciles à mettre en œuvre**, par exemple, cessez de donner votre temps, votre argent ou votre énergie, lorsque vous n'en voyez pas ou plus l'intérêt, ou (en entreprise) lorsque cela ne fait pas partie du contrat.

- **Regardez votre interlocuteur dans les yeux** au moment de refuser. Si vous êtes intimidé par son regard (les loups-garous ont souvent un regard difficile à soutenir), regardez-le entre les yeux ou un peu au-dessus. Il aura l'impression que vous le fixez, sans en avoir à en supporter la charge. Entraînez-vous avant, avec un ou une amie, et imaginez sa réponse pour mieux y faire face sans être déstabilisé. S'il vous demande de vous justifier, répondez simplement que vous n'en avez plus envie.
- **N'entrez pas dans les détails, car « qui s'excuse, s'accuse ».** Attendez-vous à toutes les réactions, de la tentative de charme à la violence en passant par le chantage, la culpabilisation, l'agression ou la crise de colère.
- **En entreprise, vous devrez parfois vous justifier.** Faites-le avec sobriété : « Je ne souhaite plus travailler gratuitement. »
- **Très probablement, le manipulateur cherchera à vous culpabiliser :** « Tu es vraiment égoïste ! » Préparez, apprenez et répondez-lui une phrase tampon du style : « C'est ton avis, ce n'est pas le mien. La discussion est close. » Pensez aussi à utiliser la technique du miroir (voir règle n° 32).

Demandez avec la Communication non violente

LA CNV PERMET DE S'AFFIRMER CLAIREMENT

La Communication non violente a été créée par Marshall Rosenberg, dans les années 1960 aux États-Unis. Elle repose sur l'empathie (concept forgé par son professeur Carl Rogers), la bienveillance (influence de Gandhi), au bénéfice de deux parties (influence de Thomas Gordon).

C'est une méthode structurée en quatre étapes, qui permet de communiquer, donc d'exprimer et surtout de demander.

• **La méthode en quatre étapes :**

Étape 1. **Observation** : observez et décrivez la situation objectivement.

Étape 2. **Sentiment** : exprimez vos émotions qui en découlent.

Étape 3. **Besoin** : identifiez et exprimez votre besoin présent.
Étape 4. **Demande** : demandez quelque chose qui répond à votre besoin.

• **Exemples pour communiquer avec un manipulateur :**
Étape 1. **Observation** : « Tu es en train de me mentir. »
Étape 2. **Sentiment** : « Cela me met en colère contre toi. »
Étape 3. **Besoin** : « J'ai besoin de sécurité pour te faire confiance. »
Étape 4. **Demande** : « Je te demande de me dire la vérité maintenant. »

Écoutez davantage

POUR MIEUX VOUS PROTÉGER

Écouter ne consiste pas seulement à prêter l'oreille aux propos exprimés. C'est aussi et surtout entendre ce que l'autre ne dit pas... clairement et rarement avec des mots !

Faites aussi attention à la voix (timbre, hauteur, rythme) de votre interlocuteur quand il parle et vous découvrirez des choses.

À QUOI DEVEZ-VOUS PRÊTER ATTENTION ?

- **Les *lapsus linguæ* sont des actes manqués verbaux**, où le manipulateur se trahit « bêtement ».
- **L'attribution de défauts à un tiers, vous par exemple,** est au contraire un procédé conscient visant à reporter sur autrui ce qu'il se reproche au fond.
- **L'incohérence est la conséquence du mensonge** et le moyen privilégié pour confondre les criminels.
- **La complication.**
- **Le flou artistique.**
- **Les grandes tirades** servent souvent à masquer un mensonge.

Observez davantage

POUR MIEUX PERCEVOIR LES SIGNES DE MANIPULATION

Les manipulateurs sont également des menteurs qui se trahissent par leurs gestes, leurs réflexes corporels, leurs mimiques et leurs actes.

• **Les gestes.** Il s'agit de gestes inconscients qui expriment leurs véritables désirs (sexuels ou agressifs), émotions (colère ou peur), sentiments (haine) : poing serré, etc.

• **Les réflexes corporels.** Il s'agit des nombreux réflexes de respiration, déglutition, transpiration, rougissement, bégaiement, etc., qui trahissent un malaise et souvent un mensonge.

• **Les mimiques.** Ces expressions du visage trahissent leurs véritables motivations, même si elles sont fugaces. De plus, les menteurs sourient avec la bouche (rictus), mais pas avec les yeux (incontrôlables).

• **Les actes.** Il s'agit surtout des actes manqués, qui leur échappent, puisqu'ils émanent de leur inconscient : « oubli » de rendre de l'argent ou des clés, destruction « involontaire » de cadeaux, etc.

RÈGLE 30

Questionnez davantage

QUI QUESTIONNE DIRIGE !

• **D'une manière générale, usez et abusez de la question qui commence par : « Pourquoi ». Elle vous permet de reprendre le pouvoir.** « Pourquoi m'agresses-tu tout le temps ? » « Pourquoi me harcelez-vous ? » « Pourquoi tu ne me respectes pas ? » « Pourquoi tu ne tiens jamais tes engagements ? »

• **Pour obtenir un changement ou quelque chose de concret de votre interlocuteur, utilisez des questions qui commencent par « Quand ».** « Quand allez-vous me payer ce que vous me devez ? » « Quand vas-tu arrêter de crier ou de mentir ? » « Quand vas-tu chercher ou trouver un travail ? »

• **Ne répondez pas toujours aux questions des manipulateurs** qui cherchent à vous soutirer des informations personnelles, voire intimes.

Désamorcez mieux les conflits

LE PIÈGE PRÉFÉRÉ DU MANIPULATEUR

Le conflit est un désaccord important et persistant entre deux parties frustrées qui n'obtiennent pas satisfaction (blocage) à cause d'une communication difficile, voire impossible. C'est aussi et surtout un processus destructeur à deux (une sorte de danse macabre).

Un manipulateur sait que vous détestez les conflits (comme tous les gens sains) et les utilisent pour obtenir toujours plus de vous.

Les conflits sont créés selon un processus d'escalade où la frustration et l'agression se répondent et s'amplifient : si quelqu'un vous agresse, vous vous sentez frustré. Si vous répondez en agressant l'autre, il est (un peu) plus frustré et risque de vous agresser (un peu plus), et ainsi de suite jusqu'à l'explosion.

Affirmez-vous davantage

PRATIQUEZ L'ASSERTIVITÉ AVEC RÉGULARITÉ

L'assertivité ou affirmation de soi est l'art de s'affirmer sans agresser les autres. **C'est une façon de communiquer sans utiliser ni la domination ou l'agression, ni la soumission, ni la manipulation.** Il s'agit donc de ne pas basculer d'un côté ou de l'autre. C'est un équilibre instable : il suffit d'un rien pour déraper.

EXPRIMEZ VOTRE VÉRITÉ

Dites ce que vous pensez, aimez ou pas, de plus en plus fréquemment. Ne vous attendez pas à ce que l'autre vous encourage. Ne vous énervez pas, mais poursuivez et réaffirmez régulièrement votre avis... qui n'a pas moins de valeur que celui de l'autre.

Si le dominateur vous critique, vous disqualifie ou tente de vous rabaisser d'une quelconque façon, restez zen et dites simplement quelque chose comme :

- « J'ai bien entendu ton avis, mais je ne le partage pas ! »
- « Je te demande de respecter mon avis, même si tu ne le partages pas »
- « Je respecte ton avis, respecte le mien ! »

UTILISEZ LA TECHNIQUE DU « MIROIR »

Elle consiste à renvoyer à l'autre ce qu'il (vous) fait (de négatif) au moment précis où il le fait : « Je constate que tu cries, que tu me coupes la parole, que tu m'insultes, que tu me critiques ou que tu me rabaisses (ou tentes de me rabaisser), que tu m'humilies, etc. »

Cette technique est d'autant plus efficace qu'il y a du monde autour : en prenant les autres à témoin, vous obligez le prédateur à se regarder et à réagir.

Vous pouvez aussi lui demander la raison de cette agression : « Pourquoi tu ne m'écoutes pas ? » « Pourquoi tu me coupes la parole ? » « Pourquoi tu me rabaisses ? »

Vous pouvez également formuler la stratégie du miroir autrement : « Tu peux crier, m'insulter ou me faire du chantage, je ne changerai pas d'avis ! »

Utilisez l'Analyse transactionnelle

DÉCODER LES RELATIONS INTERPERSONNELLES AVEC LES ÉTATS DU MOI

L'Analyse transactionnelle (AT) est une méthode de communication, une boîte à outils et une thérapie élaborée par Eric Berne, un psychiatre et psychanalyste américain qui a simplifié et transposé la psychanalyse de Freud sur le terrain de la communication.

Les états du moi qui constituent la clé de voûte de la théorie d'Eric Berne correspondent aux rôles psychologiques que nous jouons inconsciemment dans les échanges.

Les différents états du moi sont :

- **L'état du moi/enfant** (spontané, soumis ou rebelle) : le « Ça » en psychanalyse (pulsions inconscientes).
- **L'état du moi/adulte :** le « Moi » de la psychanalyse. Il tient compte du principe de réalité.

• **L'état du moi/parent** (nourricier/critique) : le « Surmoi » (censeur intérieur de notre psychisme).

COMMENT LES MANIPULATEURS UTILISENT CES TROIS RÔLES ?

Les manipulateurs « jouent » (consciemment) avec les états du moi pour vous manipuler. C'est pourquoi ils privilégient les états du « moi/enfant » et « moi/parent » et évitent l'état du « moi/adulte » (relation équilibrée et rationnelle).

• **Ils utilisent l'état enfant (en exprimant un besoin, une émotion ou une souffrance)** pour vous attendrir.

• **Ils utilisent l'état parent (en exigeant ou en critiquant)** pour vous dominer.

COMMENT VOUS PROTÉGER DES MANIPULATEURS AVEC L'AT ?

• **Repérez les états du moi** qui changent en permanence et à notre insu dans nos relations avec les autres.

• **Détectez les états du moi de votre interlocuteur** et observez comment il les utilise pour vous manipuler.

• **Si vous sentez la manipulation**, dénoncez-la aussitôt.

• **Changez d'état du moi** et tentez de choisir celui le plus approprié à la situation.

Sortez du triangle dramatique

ARRÊTEZ DE JOUER AU SAUVEUR

Le triangle dramatique découvert par Steven Karpman (un élève d'Eric Berne) est le scénario sous-jacent à tous les jeux psychologiques. **Il comporte toujours trois rôles : victime, bourreau et sauveur** (même si vous n'êtes que deux). Malheureusement, les rôles « tournent » et la victime comme le sauveur se retrouvent bourreau...

COMMENT LES MANIPULATEURS L'UTILISENT ?

Les dominateurs repèrent chez vous la prédisposition à jouer à la Victime et en abusent. Les manipulateurs repèrent chez vous la prédisposition à jouer au Sauveur pour vous entraîner dans ce triangle dramatique. Exemple : X se plaint (Victime) à vous (qui devenez Sauveur) d'une personne Y (le Bourreau). Vous la conseillez mais elle rejette tous vos conseils (« Oui, mais... ») et vous accuse de ne pas l'aider. X est devenu Bourreau et vous sa Victime.

SORTIR DU TRIANGLE DRAMATIQUE ET SE PROTÉGER DES MANIPULATEURS

- Commencez par identifier vos prédispositions à jouer à la Victime, au Bourreau et (surtout) au Sauveur. Pour cela, passez au crible vos conflits passés et demandez à vos proches ce qu'ils en pensent.
- Prenez conscience du moment où vous entrez dans ce jeu de rôle diabolique.
- Lâchez prise : taisez-vous, cessez de répondre et d'alimenter ce jeu malsain, mettez fin à la discussion et éventuellement quittez la pièce.
- Lorsqu'un manipulateur vous demande de l'aide (joue à la Victime), demandez-lui ce qu'il a fait et/ou ce qu'il compte faire pour aller mieux.
- Refusez de le prendre en charge (jouer au Sauveur) et de culpabiliser : vous n'êtes pas responsable de ses malheurs et de ses erreurs.

POUR INFO

Les jeux psychologiques sont des jeux de rôle inconscients qui constituent des scénarios répétitifs négatifs.

Soyez sur vos gardes

L'AUTONOMIE À TOUT PRIX

DIVERSIFIEZ VOS INTÉRÊTS

« Ne mettez pas tous vos œufs dans le même panier. » Évitez de lier travail et amour, de vous associer (dans la même entreprise) avec la personne que vous aimez depuis peu. Ne partagez pas tout, même si votre conjoint vous le demande. Conservez toujours des activités et des amis « à vous », que vous apprécierez quand la relation deviendra difficile...

NE DÉPENDEZ PAS D'UNE SEULE PERSONNE

Les manipulateurs ont tendance à vous enfermer dans leur univers et vous couper de vos proches, comme les gourous des sectes.

SOYEZ ATTENTIF

Les manipulateurs se trahissent tout le temps par des oublis, des erreurs, des contradictions, etc. Soyez toujours attentif à ces signaux faibles qui augurent pourtant bien de l'orage avant qu'il n'arrive.

RENSEIGNEZ-VOUS

Les manipulateurs peuvent séduire et tromper une personne (vous ?), mais rarement tout le monde. C'est pourquoi vous devez questionner les autres sur un manipulateur éventuel. Si c'en est un, il est probable que certains de vos proches ne soient pas dupes et qu'ils aient cherché à vous avertir. Alors prenez le temps de les écouter avant de vous faire votre avis.

PRENEZ VOTRE TEMPS

Les manipulateurs sont souvent très forts pour séduire et tromper. Mais avec le temps, leurs masques tombent, car il leur est difficile (voire impossible) de ne pas se contredire et de faire semblant.

RÈGLE 36

Identifiez vos « drivers »

VOS « TUTEURS INTÉRIEURS »

Le « driver », cette « petite phrase » répétée par vos parents ou vos professeurs, vous l'avez intériorisée en devenant adulte. C'est une injonction (« Fais ceci ! », « Ne fais pas ça ! ») inconsciente.

• **L'Analyse transactionnelle en a recensé cinq qui sont universelles :**

1. « Sois parfait ! »
2. « Sois rapide ! »
3. « Sois gentil ! »
4. « Sois fort ! »
5. « Fais (encore) un effort ! »
6. « Sois normal(e) ! »

Les manipulateurs repèrent vos drivers et vous les répètent, pour obtenir toujours plus de vous : plus de résultat ou d'efficacité, plus d'attention ou d'amour, plus d'efforts. Ainsi vous épuisent-ils avec votre consentement implicite.

Libérez-vous de vos « drivers »

POUR VOUS PROTÉGER DES MANIPULATEURS

• **Commencez par identifiez vos drivers.** Pour cela, réfléchissez, analysez-vous, demandez à vos proches de les identifier pour vous. Si ce n'est pas possible, trouvez un test (sur Internet) et passez-le.
• **Prenez-vous « la main dans le sac » en train d'obéir à votre driver** (« Je recommence à courir tout le temps ») et demandez-vous si c'est justifié : oui, si vous avez un train à prendre et du retard, mais non si vous êtes en vacances, à la plage, en famille.
• **Vous pouvez jouer avec vos proches ou avec vos collègues à identifier vos drivers :** dès que l'un d'entre vous identifie un driver (en action) chez quelqu'un, il l'invite à s'auto-observer et à le vérifier.
• Si le driver n'est pas adapté, lâchez prise !
• Si le driver persiste (et vous pénalise), voyez un psychothérapeute.

Identifiez vos Blessures

POUR NE PAS OFFRIR DE FAILLE

Pour les psychologues, une Blessure est une souffrance précoce (vécue dans la petite enfance), qui frustre un ou plusieurs besoins, qui laisse des séquelles psychologiques (souffrance) et induit des comportements négatifs dans la vie d'adulte.

QUELS SONT LES BLESSURES ET LES COMPORTEMENTS ASSOCIÉS ?

D'après la thérapeute Lisé Bourbeau, les cinq blessures fondamentales sont :

- Le **Rejet,** qui produit le comportement de **fuite**.
- L'**Abandon,** qui produit le comportement de **dépendance**.
- L'**Humiliation,** qui produit le comportement de **masochisme**.
- La **Trahison,** qui produit le comportement de **(sur)contrôle**.

• L'**Injustice**, qui produit le comportement de **perfectionnisme**.

COMMENT LES MANIPULATEURS UTILISENT-ILS VOS BLESSURES ?

Vos blessures attirent « naturellement » les manipulateurs aux comportements associés. Ainsi, si vous avez la blessure d'humiliation, vous attirez et êtes attiré par quelqu'un qui va vous humilier, jusqu'à ce que vous guérissiez. Les manipulateurs repèrent vos blessures pour vous faire souffrir ou vous manipuler en déclenchant les émotions négatives associées (peur, tristesse, colère, stress).

COMMENT SOIGNER VOS BLESSURES ET VOUS PROTÉGER DES MANIPULATEURS ?

• **Commencez par identifier la ou les vôtres.** Nous les avons (tous) toutes... mais pas dans les mêmes proportions.
• **Ensuite, pansez votre plaie grâce à la compréhension**, l'acceptation (du passé) et l'amour des autres et de vous-même envers vous.
• Si cela ne suffit pas, **faites une thérapie individuelle** ou collective.

RÈGLE 39

Lâchez votre perfectionnisme

ET VOTRE EGO

Le perfectionnisme est une obsession de la perfection qui est une exigence irréaliste. C'est à la fois un moteur et un frein, un stimulant et un inhibant. À dose homéopathique et avec beaucoup de tolérance, il est supportable. Mais c'est aussi une manifestation de l'ego qui tend à tout envahir, à tout contrôler, à tout « améliorer »…

Les manipulateurs sont souvent assez habiles pour détecter votre perfectionnisme et l'utiliser : ils vous en demandent plus, toujours plus. Ils vous exploitent au travail, mais aussi à la maison ou entre amis. Ils flattent votre ego avec des compliments intéressés : « Tu peux mieux faire ! » « Je sais que je peux compter sur toi… » Alors rappelez-vous que : « À l'impossible, nul n'est tenu ! » Résistez !

Sachez résister

AUX TENTATIONS PERVERSES DE LA MANIPULATION

Refusez de vous faire exploiter, au détriment de votre bien-être ou de celui de vos proches. Rappelez-vous que le temps consacré aux manipulateurs est perdu pour vous et pour ceux que vous aimez…

« La perfection n'est pas de ce monde », alors diminuez vos exigences qui sont souvent irréalistes. Proportionnez-les à vos moyens (temps, énergie, argent, compétences…) pour ne plus vous laisser broyer…

Renégociez tout ce qui peut l'être. Certes, vous avez accepté cette mission ou cette tâche, mais depuis, la (ou votre) situation a changé. Ou le manipulateur vous a trompé sur la difficulté du projet.

Demandez une rallonge de temps, de l'aide ou une contrepartie financière ou autre.

Améliorez votre image

DÉVELOPPEZ VOTRE CONFIANCE EN VOUS ET VOTRE ESTIME DE VOUS

Avec le langage (le « JE », « Maman »...), l'enfant apprend à se dissocier progressivement de sa mère mais il reste dépendant d'elle, de ses messages verbaux (« Vilain bébé ! » « Je t'aime »...) et non verbaux (câlins, fessées, cadeaux...). L'image mentale de sa personnalité physique et psychologique s'enrichit de tous les échanges et de toutes les expériences heureuses ou malheureuses, mais elle reste tributaire des premiers instants.

QU'EST-CE QU'UNE IMAGE POSITIVE ?

L'identité comporte des besoins (neutres) et des traits de caractères qui le sont moins. Les jugements des autres intériorisés colorent l'identité de façon positive ou négative. Ses trois composantes sont : l'estime de soi (valeur intellectuelle, professionnelle ou autre), la confiance en soi (sécurité intérieure) et l'amour de soi (bienveillance envers soi-même).

COMMENT LES MANIPULATEURS JOUENT SUR VOTRE IMAGE ?

Les manipulateurs savent repérer vos failles et exploiter vos manques (de reconnaissance, de valeur, de confiance ou d'amour) pour vous séduire et vous faire souffrir.

COMMENT AMÉLIORER VOTRE IMAGE ET VOUS PROTÉGER DES MANIPULATEURS ?

Commencez par évaluer votre image dans ses trois composantes.

- Ne perdez pas (trop) de temps à comprendre pourquoi (explications) il vous est arrivé ceci ou cela, cherchez surtout des solutions efficaces et faciles à mettre en œuvre.
- Entourez-vous de gens positifs et encourageants, évitez, fuyez ou quittez les gens négatifs (critiques, pessimistes ou décourageants).
- Renoncez à la perfection et acceptez vos limites, failles, carences et autres traits « négatifs ».

Faites un bilan de compétences

FAITES L'INVENTAIRE DE VOS RESSOURCES

Un bilan de compétences est une prestation de conseil qui consiste à inventorier et à classer tous vos acquis : vos qualités psychologiques, vos motivations, vos compétences.
La clarification de vos points forts permet de définir votre projet professionnel en tenant compte de vos contraintes (personnelles ou professionnelles) : quel métier (fonction, secteur d'activité) et où (pays, région) ? Au besoin, le consultant peut vous aider à élaborer un programme de formation pour combler vos carences.

À QUOI SERT UN BILAN DE COMPÉTENCES ?

Le bilan de compétences est un outil d'évolution, voire de réorientation professionnelle. Il apporte un surcroît de clarté au niveau de votre personnalité, de vos compétences, de vos objectifs et de vos possibilités. **Mais il vous apporte également un surcroît de confiance en vous au travail, grâce à l'inventaire de vos points forts, validé par un professionnel.**

COMMENT VOUS PROTÉGER DES MANIPULATEURS GRÂCE AU BILAN DE COMPÉTENCES ?

La conscience de vos compétences (et carences) vous permet de neutraliser les critiques éventuelles dont vous faites l'objet dans votre travail, en montrant le dossier de synthèse (restitution écrite) au manipulateur, ou en le relisant. La conscience de vos carences vous permet de refuser des missions pour lesquelles vous n'êtes pas (encore) compétent... ou de réclamer un accompagnement (formation, coaching...).

COMMENT FAIRE UN BILAN DE COMPÉTENCES ?

En France, faire un bilan de compétences est un droit, voire une obligation si vous êtes à « mi-carrière ». Vous pouvez le faire avec ou sans l'accord de votre entreprise. Dans le premier cas, vous le ferez pendant vos heures de travail, mais les dates seront définies ensemble. Contactez le FONGECIF de votre département.

Découvrez votre talent

UNE COMPÉTENCE TRÈS PARTICULIÈRE

Le talent cumule la prédisposition du don et l'acquis de la compétence. « Le talent, c'est ce que vous faites depuis toujours sans jamais l'avoir appris » (Madeleine Renaud). Le talent se nourrit de plaisir, de facilité d'apprentissage et d'efficacité.

COMMENT UTILISER VOTRE TALENT POUR VOUS PROTÉGER DES MANIPULATEURS ?

Les manipulateurs repèrent vos points faibles ou en inventent, au besoin. Ils vous rabaissent, vous critiquent ou remettent en question vos compétences (« Tu es sûr que tu peux le faire ? »).

Connaître et utiliser votre talent vous protège de ces agressions et développe votre confiance en vous... surtout si vous en faites le pilier de votre métier.

Pour cela, faites-vous aider : demandez l'avis de vos proches, de vos chefs ou collègues, ou faites un bilan de compétences (voir règle précédente).

Apprenez à décider

PAR VOUS-MÊME

Les manipulateurs utilisent votre hésitation pour vous conseiller (mais dans leur propre intérêt) ou pour vous critiquer. Apprenez donc à décider par vous-même, pour ne plus dépendre d'eux ou subir leurs attaques.

• **Pourquoi hésitez-vous ?** Parce que décider, c'est renoncer : choisir A, c'est renoncer à B (et à toutes les autres options). Aimez-vous renoncer à quelque chose ? Non, bien sûr ! Personne n'aime cela.

• **Renoncez donc à la « bonne » décision** (= la décision parfaite ?), au « bon » moment (pour décider) et demandez-vous à quoi vous pouvez renoncer. Car vous ne pourrez jamais tout avoir et chaque option présente des avantages et des inconvénients.

• **Assumez toutes vos décisions**, qu'elles soient heureuses ou malheureuses (et non bonnes ou mauvaises), car ce sont forcément les meilleures, par rapport aux informations et au contraintes (le temps, par exemple) que vous aviez. Alors arrêtez de dire « Si j'avais su... ».

Apprenez à réussir

POUR ÊTRE PLUS INDÉPENDANT ET PLUS « FORT »

Les manipulateurs utilisent vos failles, vos faiblesses et vos échecs pour vous manipuler (en jouant au « sauveur », par exemple). Suivez ainsi certains principes de sagesse toltèque.

SOYEZ RESPONSABLE (LA VOIE DE LA TORTUE)

- **Être responsable**, c'est se reconnaître auteur et acteur.
- **C'est assumer** et répondre de ses actes.
- **Vous êtes responsable** de (toute) votre vie.
- **Mais vous n'êtes pas responsable** de la vie des autres… sauf de ceux qui dépendent de vous.

SOYEZ DÉTERMINÉ (LA VOIE DU CORBEAU)

- **La détermination** n'est pas l'absence de doute, l'obstination ou la rage de vaincre.
- **C'est la constance** vis-à-vis d'un objectif réaliste.
- **C'est la clarté** qui l'accompagne et la cohérence avec les moyens.

- **C'est une grande force** qui permet de réussir l'impossible (parfois).
- **Mais elle s'arrête devant la réalité** (les événements, les lois, etc.).

SOYEZ ENTHOUSIASTE (LA VOIE DU DAUPHIN OU DU COLIBRI)

- **L'enthousiasme est une force** et une émotion positive orientée vers un objet.
- **L'enthousiasme nous fait agir**, changer, créer, aimer, admirer et nous exprimer.
- **Il peut nous faire souffrir.**
- Mais sans enthousiasme, **on ne peut pas réussir** et être heureux.

SOYEZ INTÈGRE (LA VOIE DU CHIEN)

- **L'intégrité n'est pas l'intégrisme**, mais le respect des engagements.
- C'est la clé du **succès.**
- **Elle crée la confiance des autres** et la confiance en soi.
- **Elle facilite les relations** et la vie en société.
- **Elle augmente notre propre valeur.**

Apprenez le bonheur

L'ANTIDOTE DE LA MANIPULATION

Les manipulateurs vous rendent malheureux, tout en prétendant le contraire... Être heureux vous rend donc plus indépendant d'eux. Inspirez-vous encore de la sagesse toltèque pour agir.

SOYEZ PRÉSENT (LA VOIE DU LÉZARD)

- Être présent n'est ni naturel, ni simple, ni facile.
- Ce n'est ni de la dispersion, ni de la crispation.
- Ce n'est ni être là, ni percevoir, ni agir, ni penser.
- C'est à la fois être conscient, concentré et attentif.
- Et c'est accepter ce qui se présente.

SOYEZ LIBRE (LA VOIE DE L'AIGLE)

- Vous êtes toujours libre : c'est vous qui décidez.
- Vous avez toujours le choix.
- Vous n'êtes pas libre des événements mais de votre réaction.

• Ni les contraintes ni les autres ne sont une objection à la liberté.
• Assumez et utilisez votre liberté : décidez, agissez et influencez.

SOYEZ VOUS-MÊME (LA VOIE DU JAGUAR)

• Être authentique, c'est se respecter et se laisser être soi-même.
• Ainsi, vous communiquerez mieux et vivrez pleinement.
• Cessez de vous cacher, de faire semblant...
• Débarrassez-vous de vos peurs (jugement, désapprobation et rejet).
• Votre richesse est votre différence : cherchez-la, assumez-la et aimez-la.

SOYEZ HEUREUX (LA VOIE DU PAPILLON)

• Le bonheur n'est ni le plaisir, ni la joie, ni la somme des deux.
• Décidez d'être heureux, quoi qu'il arrive, maintenant et toujours.
• Acceptez et appréciez (toute) votre vie, quelle qu'elle soit.
• Soyez positif, présent et concentré (mais pas crispé).
• Oubliez-vous dans l'action, la communication ou l'amour.

Récapitulez

VOS ACQUIS

Se protéger des manipulateurs n'est pas facile. Car ce sont (souvent) des gens malins (dans le sens originel aussi : le Malin = le diable). Ils ont des atouts : la détermination, l'absence de scrupules ou d'éthique et la capacité à repérer leurs proies. Mais leur vraie force relève de VOTRE responsabilité : c'est vous qui leur faites confiance, vous qui êtes gentil et vous qui croyez qu'ils vont changer...

Les techniques de manipulation sont variées.

- **Les techniques de manipulation ordinaires** sont : mentir, tricher, cacher, culpabiliser et faire chanter.
- **Les techniques de manipulation incluent également les techniques (professionnelles) de présentation**, ainsi que le jeu (dans le mauvais sens du terme).

Se protéger des manipulateurs est possible. Car les manipulateurs ont des failles : l'immoralité, l'incohérence. Leurs techniques sont connues et vous les connaissez maintenant...

Passez à l'action

VOUS AVEZ TOUTES LES CARTES EN MAIN

- Relisez ce livre pour vous en imprégner (on oublie vite).
- Lisez les livres indiqués en bibliographie.
- **Appliquez les nombreuses solutions** (parades) qui existent :
- Comprenez bien la manipulation.
- Identifiez vos manipulateurs.
- Faites le tri parmi vos interlocuteurs.
- Évitez, fuyez, ou quittez les manipulateurs.
- Si c'est impossible, démasquez ou neutralisez-les.
- Identifiez leurs manœuvres.
- Déjouez ou neutralisez-les.
- Prévenez les manipulations.
- Tirez parti de vos erreurs.

Repérez les manipulations de l'opinion

ELLES EXISTENT...

- **La politique :** « Tout le monde manipule tout le monde et c'est ce qui rend la politique dangereuse et passionnante » (Bruno Kreisky).
- **Pearl Harbor :** le président américain Roosevelt a laissé les Japonais détruire Pearl Harbor pour faire basculer l'opinion américaine en faveur de la guerre.
- **Le « charnier » de Timişoara :** il s'agit d'une opération montée en 1989 par la CIA pour discréditer Ceauşescu et le renverser (coup d'État maquillé en révolution).
- **Les opérations sous faux drapeaux :** depuis qu'il y a des États et des guerres, les agents secrets de tous les pays montent des opérations sous faux drapeaux pour faire réagir l'opinion dans le sens désiré...

Repérez les manipulations

COMMERCIALES

• **La publicité :** « La publicité ? Une invention hypocrite de l'homme ; un miroir aux alouettes pour manipuler, exploiter et asservir en douceur son prochain » (Roseline Cardinal).
• **Le marketing :** pour augmenter artificiellement leurs ventes, les fabricants de dentifrices ont augmenté le diamètre des tubes de dentifrice... Imparable !
• **La vente :** qui n'a jamais été victime d'une arnaque ? Argument mensonger, promesse non tenue, prix augmentés artificiellement avant les soldes, clauses de contrat illisibles, incompréhensibles, etc.
• **Le merchandising :** les supermarchés nous manipulent pour nous faire acheter plus : odeurs artificielles des produits frais, produits indispensables au fond du magasin, magasins en pente pour nous ralentir au retour, produits à forte marge à portée de main et d'œil...

L'AUTEUR

Patrice Ras est auteur (40 livres publiés à ce jour), conférencier et formateur en développement personnel, professionnel et spirituel.

Du même auteur

Chez Jouvence

- *Petit cahier d'exercices de gestion des conflits*, 2014.
- *La Gestion des conflits*, « Clin d'œil ».
- *Petit cahier d'exercices de communication non verbale*, 2014.
- *Savoir décider : les clés de la réussite*, 2011.
- *Découvrez votre talent essentiel*, 2013.
- *Réussissez tous vos projets*, 2014.
- *L'Art de demander*, 2015.
- *L'Analyse transactionnelle*, « Clin d'œil », 2009.
- *Faire soi-même son bilan de compétences*, « Clin d'œil ».

Chez Studyrama

- *La Communication non verbale*, 2009.
- *Se libérer des relations toxiques*, 2012.

Chez Dangles

- *Les 4 accords du bonheur*, 2012.
- *Les 4 accords du succès selon la sagesse toltèque ancestrale*, 2014.

Chez Larousse
• *L'Estime de soi*, « Poche », 2015.

Autres auteurs
• Bourbeau, Lise, *Les Cinq Blessures qui empêchent d'être soi-même*, « Pocket », 2013.
• Chalvin, Dominque, *L'Affirmation de soi*, ESF, 2011.
• Cornette de Saint-Cyr, Xavier, *Je suis perfectionniste, mais je me soigne !* Jouvence, 2008.
• Ekman, Paul, *Je sais que vous mentez*, J'ai lu, 2011.
• Joule, Robert-Vincent et Beauvois, Jean-Léon, *Petit traité de manipulation à l'usage des honnêtes gens*, PUG, *2012*.
• Raquin, Bernard, *Sortir du triangle dramatique*, Jouvence.
• Rosenberg, Marshall B., *Les Mots sont des fenêtres*. La Découverte, 2004.
• Ruiz, Don Miguel, *Les 4 accords toltèques*, Jouvence, 2005.
• Salomé, Jacques, *Heureux qui communique*, Pocket, 2006.
• Thalmann, Yves-Alexandre, *Petit traité de contre-manipulation*, Jouvence, 2009.
• Védrines, Ghislaine de, *Diabolique*, XO, 2014.